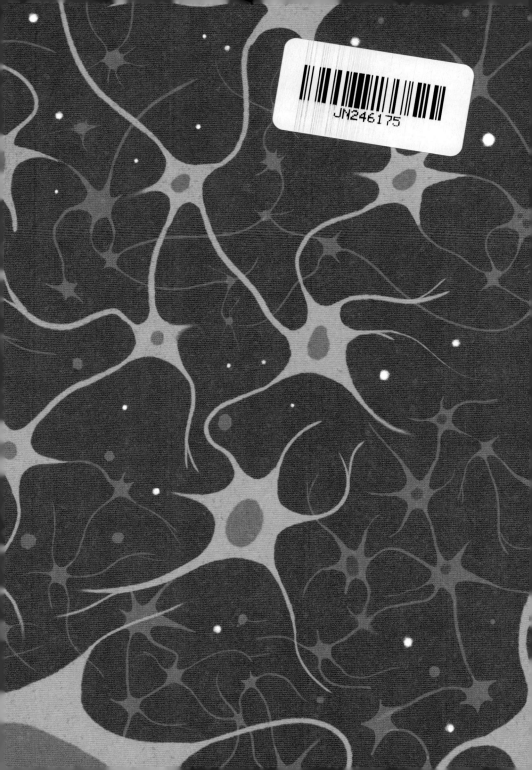

文●アンゲリカ・ツァーン

フリーライターとして 2011 年より有名なライフスタイル誌やニュースサイトで活躍。持続可能な教育とデジタル理解のためのソーシャルマガジン「Coding Kids」のフリー編集ディレクターをつとめたことをきっかけに STEM 教育に関心を寄せる。2 人の息子の母。

絵●レナ・ヘッセ

イラストレーションと写真を学び、卒業後、2 年間の旅に出て静止するものすべてを描きつづけた。2012 年よりフリーランスのイラストレーター兼作家として児童書出版社で働く。やることが思い浮かばないときは泳ぐ。ドイツのベルリン在住。

監修●竹内 薫 （たけうちかおる）

猫好きサイエンス作家。YES International School 校長。ZEN 大学教授。主著に『99.9％は仮説』（光文社）、『フェイクニュース時代の科学リテラシー超入門』（ディスカヴァー・トゥエンティワン）など、訳書に『超圧縮 地球生物全史』（ダイヤモンド社）、『ふしぎな魔法パズル ルービックの発明物語』（西村書店）などがある。趣味は野鳥撮影、カポエイラ、ルービックキューブ。裏横浜在住。

訳●若松宣子 （わかまつのりこ）

翻訳家。訳書に『世界文字の大図鑑』『世界お金の大図鑑』（西村書店）、『口ひげが世界をすくう？！』（岩波書店）、「ピッチの王様」シリーズ（ほるぷ出版）など、他多数。

地球の未来を考える
AI のひみつ　人工知能のしくみと未来のくらし
2025 年 4 月 14 日　初版第 1 刷発行

文＊アンゲリカ・ツァーン　　絵＊レナ・ヘッセ　　監修＊竹内 薫　　訳＊若松宣子
発行者＊西村正徳　　発行所＊西村書店
東京出版編集部　〒 102-0071　東京都千代田区富士見 2-4-6
TEL 03-3239-7671　FAX 03-3239-7622　www.nishimurashoten.co.jp
印刷＊三報社印刷株式会社　製本＊株式会社難波製本
ISBN978-4-86706-055-1　C0004　90p.　21.0×14.8cm

監修 竹内 薫

地球の未来を考える

AIのひみつ
エーアイ

―人工（じんこう）知能（ちのう）のしくみと未来のくらし―

文 A・ツァーン　絵 L・ヘッセ　訳 若松 宣子

西村書店

Was ist künstliche Intelligenz?
by Angelika Zahn（text）& Lena Hesse（ill.）

Copyright © 2023 Beltz & Gelberg
in the publishing group Beltz—Weinheim Basel
Japanese edition copyright © 2025 Nishimura Co., Ltd.
Published by arrangement through Meike Marx Literary Agency, Japan
All rights reserved. Printed and bound in Japan

もくじ

4　朝起きてから夜眠るまで AI（人工知能）といっしょ

6　AI はどのくらい頭がいいの？

8　AI はかんぺきな知能なの？── 弱い AI、強い AI、超知能

10　いまは AI だらけ？── 顔認識、画像認識、ナビゲーション、言語認識

14　どうして AI はするべきことがわかるの？
　　── プログラム、プログラミング言語、指示、コード、アルゴリズム

18　AI はどうやって学習するの？
　　── 機械学習、ディープラーニング、人工ニューラルネットワーク

24　どうしてデータがたくさんあった方がいいの？
　　── ビッグデータ、生成 AI、ソーシャルメディア、動画配信サービス、辞書

30　わたしのデータを守ってくれるのはだれ？── 個人情報

34　AI が先生？

36　創造的なことができるのは人間だけ？

38　AI は人間よりも正しい？── データのかたより・不完全さ

44　AI は電力の大量消費者？　それとも環境保護者？
　　── エネルギー問題、気候変動、ゴミ分別、農業

48　車同士が連携できたらどうなる？── 交通の制御、自動運転

52　どちらを選ぶ？── 道徳、輸送管理

56　AIは人間の言葉がわかるの?── 音声アシスタント、自然言語処理、チャットボット

64　ロボットは友だちになれる？── 感情の認識、人型ロボット、アンドロイド

68　AI を使ってもっと健康になれる？── 健康アプリ、ウェアラブル端末

70　ロボットはますます人間らしくなるの？

74　AI にはどうして独自のルールが必要なの？── エラーの可能性、リスク

78　AI はいつ生まれたの？── 1936 年から現在まで

82　新しい仕事が生まれて長い休暇がとれるようになるの？── 未来の仕事

86　AI があれば働かなくてもよくなるの？

90　解説── 人間と AI の違いはなんだろう。
　　　　　わたしたちが主役になって AI と共存するには？

朝起きてから夜眠るまで
AI（人工知能）といっしょ

おはよう！
ただいまの時間は……

`6:45`

スマートウォッチで目覚めると、どのくらいの時間、どれほど深く眠っていたか、教えてくれる。

`7:00`

タブレットの歯みがきアプリ＊をひらくと、歯ブラシの動きで小さなモンスターをつかまえるゲームをはじめる。朝シャワーをあびるときにはスマートスピーカーにお気に入りの曲をかけてと呼びかける。床のタイルは気持ちのいいあたたかさ。30分前にスマートホーム＊のシステムで暖房が入るようセットされていたから。

`8:00`

算数の授業。問題はわたしのレベルに合っていて、ちょっと難しいけれど、ちゃんと解ける。

`14:00`

今日はテコンドーの体験レッスン。車にナビがあるから初めての場所でも時間ぴったりに到着できる。

＊特定の機能を実行させるために作られた「アプリケーションソフトウェア」の略称。スマートフォンやパソコンなどで利用できる。

＊家庭用の電気器具などをインターネットでつなぎ、リモコンやスイッチを使わずにスマートフォンなどで自由にコントロールできる住宅。

早く乗って。
おくれちゃう！

ハー！

……到着時刻は
13時59分。

`17:00`
宿題はさっさと終わらせる。国語でまだ少しわからないところがあったから、補習アプリの動画でもう一度説明を確認。そうすると学習したことをさらによく学ぶための問題が出てくる。

「トッピングは何がいい、だって。」
「ゴルゴンゾーラのチーズ!」

`18:00`
やったー、今日の夕食はピザ!アプリでちょうど配達してくれそうな近くのピザ屋に注文して……30分後に、もう到着。

`19:15`
お気に入りのチャンネルの動画を全部見終わってしまうと、動画配信サービスが、おすすめの番組を教えてくれる。

`20:00`
さあ、寝る時間!
ロボットおもちゃがわたしの名前を呼び、「おやすみ」といって、お話も聞かせてくれる。

「みんな、幸せに暮らしました。」

AIはどのくらい頭がいいの？

AI（人工知能）というとロボットやスーパーコンピュータが思い浮かびますが、じつは日常生活のあちこちで使われています……どんなところにもあり、そこでコンピュータプログラムが学習しているのです。人工知能は情報科学の一分野で開発されている技術で、AIともいわれます。英語の Artificial Intelligence（人工知能）の略語です。

AIはまるで人間のように自ら学習し、失敗から学ぶこともできるので、人工知能と呼ばれます。チェスや将棋などのボードゲームができるAIのプログラムもあります。あらかじめゲームのルールや勝つための条件を与えるだけで、自分で学習するシステムによって、プログラムはよりよい指し手を学びます。こうして人間がこれまで使ったこともないような指し手が発見されるのです。

ただし、どんなAIも人間によってプログラムされたものであり、少なくともデータや目的の設定が必要です。AIは設定された目的を果たすだけで、新たなスキルやアイデアを自ら作り出すことはできません。でも人間が創造的に活動するのを手伝ってくれます。

AIはかんぺきな知能なの？

AIは人間の思考をどのくらいまねできるかによって、弱いAI、強いAI、超知能の3種類に分類されます。いまのところ実際にあるのは「弱いAI」だけで、ほかのふたつはSF映画の中にしか存在しません。実現できるのは、まだ遠い未来のことでしょう。

1996年、当時のチェス世界チャンピオンのガルリ・カスパロフがスーパーコンピュータ「ディープ・ブルー」に負けました。いまではコンピュータのチェス対局プログラムはとても優秀で、人間が勝てる可能性はまったくありません。それにもかかわらずこのプログラムは「弱いAI」に分類されます。

弱いAIはすでに人間よりもおどろくほど優秀です。それでも人間の脳ができることをすべてまねできるわけではありません。感情や創造性はなく、社会的な行動もとれません。ただすごいスピードで正確に動くコンピュータにすぎないのです。

(弱いAI)
人間の思考のひとつひとつの問題を引きうけ、解決法を見つけます。

(強いAI)
人間の脳ができることをすべてまねすることができます。

(超知能)
人間よりも知能が高く、与えられた仕事をこなしたり、問題を解決したりするだけではなく、社会的、創造的な能力も人間より優れているでしょう。

いまは AI だらけ？

たくさんの人が、さまざまな AI が搭載された機械、つまりスマートフォンを持っています。あたりまえすぎて、それで何ができるか、とくに考えもしません。

顔認識
顔を長さ、幅、奥行きの三次元で測定します。目に見えない3万個の点をはりめぐらし、目の形、鼻の大きさ、くちびるの曲線などの特徴を赤外線センサーとカメラで認識します。認識したデータはスマートフォンに保存されている顔のデータと比べられます。

画像認識
画像内の人物画像をとらえて分類します。たとえばおじいちゃんや赤ちゃんの写真を、すべて抽出して表示することができます。またアルバムの作成や分類が自動でできます。

調整
AI はスマートフォンが使われている時間や、手元からはなれた時間を認識します。このデータによって、使われていないスリープ状態のときには省電力モードになり、バッテリーの寿命をのばせます。

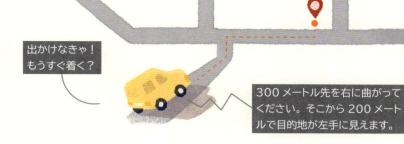

ナビゲーション（ナビ）

目的地までの最適ルートを示し、時間帯や曜日によって、異なるルートを提案します。おすすめのルートは交通状況などによって変わります。自転車の場合は、坂道やカーブが多いかどうかということも重要です。最短ルートがもっとも速く快適な道のりになるとはかぎらないからです。

言語認識

話し言葉を処理します。音声だけで情報にアクセスしたり、アプリを使ったり、文字を入力したりできます。

＊音声アシスタントAIの一種。アメリカのアップル社のiPhoneやiPadなどに搭載されており、話しかけるだけで代わりに操作を行ってくれる。

家の中で働くさまざまな AI

21世紀に入った2000年ごろ、初めてAIを搭載した家電*であるロボット掃除機が登場しました。現在、この小さな助手は以前よりも価格が安くなっただけではなく、性能もはるかによくなりました。レーザー距離センサーで間取り図を作って障害物を認識し、必要に応じて動き、充電機までもどります。とてもよく似た仕組みで動くのが、ロボット芝刈り機です。

＊家庭用の電気器具。

初期のロボット掃除機はあちこちに動いて、ぐうぜん通る場所を掃除していただけだったので……

……掃除されない場所もありました。

次世代のロボット掃除機にはカメラが搭載され、空間を認識し、全体を回ることができるようになりましたが……

もちろん、じゅうぶんに明るいときだけです。

最新型のロボット掃除機にはレーザーが搭載され、暗い場所でも部屋と障害物を計測し、間取り図を作ることもできます。

スマート冷蔵庫はメニューを提案し、買い物リストも用意してくれます。このとき冷蔵庫にあるものだけではなく、家族の好みも考えてくれます。効率よく食材を使えるので、スマート冷蔵庫はごみの減量にも役立ちます。

スマートホームのシステムは、ブラインドや照明、監視カメラ、煙探知機やエアコンなど、家の中の機器を自動でコントロールできます。アプリで操作できるので、出かけていてもだいじょうぶ。いろいろな機器が互いに通信し、連携して動くこともできます。

どうしてAIはするべきことがわかるの？

AIはいろいろな場面で使われています。では、ロボット掃除機と、音声アシスタントと画像認識で共通しているところは何でしょう？　それはどれもプログラムのコードに基づいているということ。つまりルールがあって、それに従って動いているのです。というのも、最初はどんなコンピュータも空っぽの機械に過ぎません。そのため何をしたらいいかを教える指示が必要で、それをプログラムといいます。

たとえば、おいしいシナモンロールを焼くときのことを考えてみてください。

上手に焼くためにはレシピが必要です。

これがAIにおけるプログラムにあたります。

レシピは、特定の言語による単語で書かれています。日本語でもいいし、ドイツ語でもかまいません。レシピを読むには、その言語を学習して理解していることが大切です。

人間と機械のあいだをつなぐ共通の言語がプログラミング言語。この言語は何種類もあって、とても複雑なものも、かんたんなものもあります。それぞれ、単語、略語、記号や矢印を使って特定の命令を下します。

この言語で、パンを焼くための**指示**が記されています。

機器に実行させるための指示を**コード**といいます。

バターをとかして……

……ミルクを入れてかきまぜて……

パンを作るためには、**レシピの指示に従って正確に進めなくてはいけません**。まずは正しい量の材料を順序通り加えて、指定された温度で予熱をしておいたオーブンに入れ、生地を一定の時間焼きます。

こうしたひとつずつの手順が、プログラムを作成する場合にもあります。目的を達成するために考えられた正しい手順が**アルゴリズム**です。

条件 目がさめたら……

その後に実行 親を起こす……朝の5時でも。

玄関のチャイムが鳴ったら、わたしたちはドアを開けます。つまり、情報を入手してから行動を起こすのです。コンピュータプログラムも同じように機能します。特定のボタンをクリックすると、情報が通知されます……これは玄関のチャイムのようなものです。

水たまりがあったら、
走ってとびこむ。

お母さんが別の部屋に行ったら、
おかしの入ったビンを取る。

コンピュータ言語ではこれを**イベント**（出来事）といいます。イベントとは特定の**行動**を引き起こすもので、この場合はドアを開けることが行動に当たります。どんな行動を引き起こすかは、プログラマーがふさわしいコードを書いて事前に決めています。

イベントの内容はプログラムを使う人自身が決められます。たとえばスマートフォンのカメラのシャッターボタンを押すと、写真が撮影され、保存されます。またはプログラム自体がイベントを実行するように設定しておくこともできます。朝の6時半になったら、目覚まし時計を鳴らす……という具合です。

ログインをするための一見かんたんなアプリでも、考えられるすべてのイベントをプログラムしなくてはいけません。

コンピュータが命令をすばやく実行するためには、たくさんの決定が必要です。特定のイベントにどのように対応するかは、コンピュータが自ら決めることはできません。コンピュータが行っているのは、あらかじめ実行すると決められたことだけです。どんなイベントでも、プログラミングをするときに、どんな行動が続くのか、正確に定義され、分類され、決定されなくてはなりません。この実行される一連の流れをアルゴリズムといいます。一方、あなたはコンピュータとちがって、チャイムが鳴っても、「玄関に行かない」と決定することもできます。

AIはどうやって学習するの？

正確な指示をプログラムするには時間がかかります。あなたは、何か物が置いてある場所を電話で人に伝えようとしたことはありませんか？　けっこう大変ですよね？　あるいは、描いてほしい絵をだれかに言葉で説明しようとしたことは？　そのとき、絵は思っていた通りにできあがりましたか？

AIに**機械学習**をさせる場合は、すべての行動をプログラムする必要はなくなります。システム自体が、人間があらかじめ与えた正解をもとに、データからパターンを学習し、そこから結論を導き出せるのです。機械学習のアルゴリズムに、よい結果が出そうなデータを与えることもできます。アルゴリズムはこのデータから、関連する決定を自分で下す方法を学習するのです。

学習の初期段階では、アルゴリズムに与えられたデータが少ないので、たくさん間違えます。人間が最初に何かに取り組むときと同じです。しかしアルゴリズムは同じ間違いが起こらないようにどのように調整したらいいかを見つけ出します。このプロセスはエラーが起こらなくなるまで、何度もくりかえされます。未知のデータを示されたとしても、ほとんどの場合、アルゴリズムは正しい決定をするようになります。

スパム*フィルターの仕組み

*宣伝や勧誘などのため不特定多数に大量送信される迷惑メール。

→ 新着メールをアルゴリズムがチェックする。

→ 送信者、内容、件名を、いわゆるブラックリスト*と照らしあわせる。

*スパムや不正メールの送信者の情報などを登録したリスト。

とりわけ、**特定の言葉**が含まれていないかチェックする。引っかかる言葉はある？

- はい → メールは迷惑メールとして分類される。
- いいえ → 普通のメールとして受信される。 → なんだ、これ。

スパムフィルターの決定が間違っていて、このメールが迷惑メールだったら？

→ 迷惑メールへ

そのときは、そのメールを人間が分類しなおし、アルゴリズムがそれを学習します。 → ただしいちばん大切なのは、アルゴリズムによって、迷惑メールだと判断できる、ほかの言葉を導き出せるということ。

こうした機械学習は、データに対して事前に与えられた正解がない場合でも、別のアルゴリズムを使えば、データ内のパターンや類似性、構造を自動的に発見することができます。

機械学習では、人間がAIをトレーニングします。

AIによる高度な機械学習をディープラーニング(深層学習)といいます。深く学ぶためのアルゴリズムとして、人の脳の神経網をまねした人工ニューラルネットワークが使われます。人工ニューラルネットワークは多くの階層に分かれていて、文字どおり「深い層」になっています。そして大量のデータを与えられ、間違っては学習することをくりかえし、ネットワークを最適化していきます。

このプロセスでは人間はもう介入せず、データの評価もAIが行います。ディープラーニングはとくに音声認識や顔認識、画像や映像の分類において力を発揮します。最新のディープラーニングのシステムは文章を書いたり、本物のような画像を生成したりすることさえできます。

ディープラーニングでは、AIが自ら学習します。

AIはどのようにして写真がネコなのかイヌなのかを判断するのでしょうか。単純な機械学習の場合は、人間が前もって画像データを覚えさせ、どれがネコでどれがイヌなのかを判断する基準を与えて、そのデータからAIは学習していきます。

一方、ディープラーニングでは画像データが人工ニューラルネットワークのさまざまな層に振り分けられ、それぞれの層が人間の手を介さずに、目やひげ、鼻、毛、耳や顔の形など、特定の典型的な特徴に着目して学習していきます。

ディープラーニングでニューロンのつながりを作る**人工ニューラルネットワークは、どのように働いているのでしょうか？** この仕組みを理解するために、まず人間の脳を考えてみましょう。

脳の中には、何十億ものニューロン、つまり神経細胞があって、互いにつながっています。

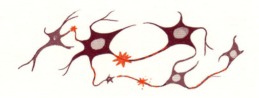

このニューロンを通じて情報は電気信号（インパルス）として伝えられていきます。

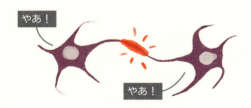

人間がなにか学習すると、ニューロンの新しい結びつきが生まれます。

ところが、この結びつきは使われないと、だんだん弱くなっていき、最後にはすっかり消えてしまいます。こうして人間は物事を忘れていくのです。

AIも人工ニューラルネットワークを使います。

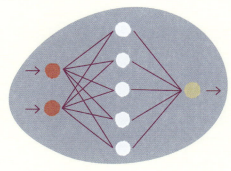

データを与えられると、AIは自分で、ニューロンの新しい結びつきを作ることができます。こうして学習するのです。

人間の脳とはちがって、AIのニューロンの結びつきは消えることはありません。どんな小さい情報でも記録はしっかり残ります。

それでも結びつきに強弱はあります。結びつく回数が少なくなると、あまり重要ではないと判断されます。よく使われる結びつきの方が、重要と判断されるのです。

何も忘れられなくなったら、どうなっちゃうの！

どうしてデータがたくさんあった方がいいの？

AIにはぼう大な量のデータが必要です。**データが少ないと、パターンを認識して学習することができないのです**。データはそれぞれのコンピュータに保存する必要はなく、インターネット上に保存しておくこともできます。より多くのデータで学習するほど、より複雑で難しい問題も解決できるようになります。

ただし、データの量だけが大切なのではなく、必要な情報をすべて含んだ正確なデータでなくてはいけません。AIのシステムは、学習に使うデータと同じレベルにしかなりません。たとえば顔認識 AI は、解像度の高い、いろいろな顔の画像データをたくさん記憶し、何度もチェックすることで、ようやく新しいデータでも顔認識ができるようになるのです。

ほとんどのスマートフォンには顔や画像を認識するソフトウェアが入っていて、保存されている画像の中から、たとえば誕生日ケーキや特定の人の写真をすべて選び出したりできます。

AIができることを増やすには、新しいデータでさらに学習させる必要があります。たとえば、将来の顔認識システムは、大人だけではなく、子どもの顔もしっかり認識できるようにしなくてはなりません。新型コロナウイルスが大流行したときには、AIはマスクを着けた人びとの画像データをあらためて学習する必要がありました。

ぼう大なデータをビッグデータといいます。わたしたちがインターネットを見ているときなどに、ビッグデータはどんどん生成されます。

インターネットで1回クリックしたり、買い物したり、ナビに目的地を入力したり、電話をかけたりするたびにデータが生成されるため、データの山は、信じられないほどのスピードでどんどん大きくなっていきます。いまはたったの数分で、人類が誕生してから2002年までに作られたすべてのデータと同じくらいの量のデータが生み出されているといわれています。

このデータの山を検索し、分類するために利用されるAI技術のことをビッグデータ分析といいます。たとえば、対話システムのChatGPT*は、巨大なデータの山から物語や歌詞、スピーチや詩も作り出せる生成AIの一種です。それはすでに人間が作ったものと見分けがつきません。ChatGPTはさまざまなプログラミング言語によるコードも短時間で書くことができます。使われるたびに追加されるデータによってさらに学習し、改良されていきます。このシステムの利用者はスタートから2か月で1億人を超えました。

*アメリカのOpenAI社が2022年11月に公開したサービス。

インターネットを見ているときに、ビッグデータに基づいたおすすめの情報が表示されることがあります。

オンラインショップで何かを注文して買ってもらったこともあるかもしれませんね。そうすると、こんな表示が出てきます。

> このうきわを買った人は、
> この麦わら帽子も買っています。

このおすすめ機能は、他の人たちの何百万もの購入データをAIがリアルタイムで分析して、どんな商品にあなたが強く興味を感じるかを計算した結果です。

ステーキハウスの広告がずっと出てるんだけど、アルゴリズムはいつになったら、ぼくが野菜を食べるベジタリアンだとわかるんだろうね？

ソーシャルメディアであなたが見ているものは、AIによって決定されています。InstagramやTikTokなどのSNS*（ソーシャル・ネットワーキング・サービスの略語）でつながっている人や、あなたが作成したりシェア（共有）したりした事柄などから、いちばん好きなものやより多くクリックするものを学習しているのです。そしてあなたが気に入りそうな、おすすめの人や情報を提案します。

動画配信サービスは、番組や映画を提案します。アルゴリズムは、あなたがこれまで見た作品のジャンルや脚本家、俳優、舞台を把握しています。アクション映画をたくさん見る人には、ネコの映像や手品のやり方を見る人とはちがったものが提案されます。あなたが再生ボタンを押すたびに、アルゴリズムは新たなデータをたくわえます。

スマートフォンで文字を入力するときには内蔵の**辞書**が学習しています。よく使われる単語を学び、入力するときに、友人の名前や地名などの単語を提案してくれます。

*新しい友人関係を広げるための会員制ウェブサイト。

わたしのデータを守ってくれるのはだれ？

情報を守る上では「もっとも安全なコンピュータは、こわれたコンピュータだ」とよくいわれます。けれども、わたしたちに必要なのはこわれていないコンピュータです。そのためEU（欧州連合）には、EU一般データ保護規則＊があり、**データの保存場所や期間**が決められています。名前、生年月日、住所、髪や目の色、銀行口座情報や証明書などの個人に関係する**個人情報**は、本人が同意した場合のみ、公的機関または民間企業によって収集、保存、および伝達されます。

＊日本では個人情報保護法によって個人データ保護のルールが決められていますが、一方で、利便性を高めるために個人データを活用しやすくするための法整備も検討されています。

研究のため、健康状態のデータを提供してくれますか？

79% はい、重要な研究のためなら。

21% いいえ、すみませんが。

ドイツのある世論調査機関による2019年の調査結果。調査対象は18歳以上のドイツ人1000人。

個人に関係していないデータは保護規則の対象外なので、自由に利用できます。そのため個々のデータから個人を特定できるすべての情報を切り離す技術があります。中には研究のためにとても重要なデータもあり、それが新しい薬の開発やめずらしい病気の発見に役立つこともあります。医学の分野では、パブリックドメイン*として共有されているデータや、研究のためにデータを提供できる健康管理アプリもあります。

*写真・絵画・小説などの作品やデータにおいて、著作権がなくなった、あるいは放棄されてだれでも自由利用が可能になった状態。

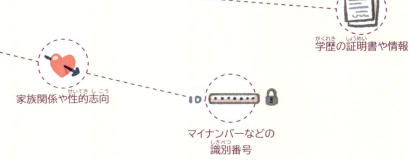

家族関係や性的志向

マイナンバーなどの識別番号

学歴の証明書や情報

じつは個人が、情報を開示しないという決断をすることはもはや難しくなっています。情報の提供に同意しないと便利なサービスを使えなくなることもあるからです。それでも個人データが悪用されないように工夫できることもあります。

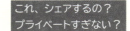

安全なパスワードを使う

心当たりのないメールは開かない

慎重に考えて発信する

どんな画像も発言もインターネットでは永久に残ります。公開されたすべての情報は世界中で見ることができ、検索できることを忘れないで。

本名の代わりにハンドルネームを使用する

- 個人データはできるだけ公開しない
- 迷惑メールは無視する

- コンピュータにはセキュリティソフトを入れ、無線LAN接続（Wi-Fi）を使うときはパスワードで保護する
- ソーシャルメディアやインターネットブラウザのプライバシーやセキュリティの設定を有効にしておく

- 学校や図書館、インターネットカフェなど、不特定多数の人が使用するパソコンに個人データを入力しない

> 無料のフリーWi-Fiで今夜泊まるところをすぐ予約しよう。

> 待って、暗号化されたネットワークを使ったほうがいいよ。

AIが先生？

学校であなたは問題をかんたんに解けるでしょうか、それともまだサポートが必要でしょうか。**AIはひとりひとりの知識レベルに合わせて出題や解説をしてくれる**ので、とくに、ルールが重要な役割を果たす算数や情報科学、自然科学、技術の科目で力を発揮します。また言語の学習でもAIは役立ちます。

AIはそれぞれの生徒に合った問題を探し、正しく解けたかどうかをチェックします。そのため先生たちには、なにかをあらためて説明したり、問題を話し合って解決したり、遠足の準備をしたりする余裕ができます。

また、先生たちは新しい授業の準備に時間をかけて、創意工夫をすることができます。将来は、AIによってテストの採点の負担が大きく減って、先生はさらに時間の余裕を持てるようになるでしょう。アジアやアメリカ、イスラエルでは、AIにまかせた学習をすでに授業に取り入れています。AIを使った教育は、中国やアメリカからはじまりました。

創造的なことができるのは人間だけ？

かつては大作曲家のバッハやモーツァルト、現代ならシンガーソングライターのエド・シーランやレディー・ガガ。こうした人たちが作る音楽には何百万人もが夢中になり、心を動かされます。コンピュータも同じくらいの創造力を発揮できるでしょうか？

音楽学者、作曲家、情報学者の専門家チームがAIを使って、ベートーヴェンの「未完成」交響曲を完成させました。ベートーヴェンの死後約200年近くたってからのことです。もとになったのは、わずかな手がきのメモだけでした。

1888年、ゴッホは、いつも夜明けと同時にひまわりの絵を描きはじめるようにしていました。ひまわりはすぐにしおれてしまうからです。ひと月で4枚の絵が描かれました。

曲の完成のため、ベートーヴェンのすべての作品やスケッチ、さらに同時代の音楽作品が、コンピュータに取り込まれました。こうして AI は古典派の時代の典型的な曲の構造を学習したのです。クラシックの響きは、現代のポップスとはまったくちがいます。

AI のプログラムは無数の曲を生み出し、専門家たちはそれらをじっくり検討しました。そしてとくにベートーヴェンらしく聞こえるものを選んで演奏し、また学習させました。それが AI によって、新しくつなぎあわせられ、どんどん曲が長くなっていきました。最後にできあがった曲はボン・ベートーヴェン交響楽団によって演奏され、大成功を収めました。

絵を描く AI や、詩や文章を書いたり、料理のレシピを作ったりする AI もあります。このような AI を生成 AI と呼びます。

生成 AI の DALL-E などは、入力されたキーワードから数秒で絵を描くことができます。

AIは人間よりも正しい？

人間の脳は、知らない人のことでも、一部の印象から全体の評価をしてしまいます。これをハロー効果といいます。

こんな経験をしたことはありませんか。だれかに初めて会ったときに、その人があなたの名前をたずねてくれてクッキーをくれたら、自然に、この人はけっこういい人だと思いませんか。反対に、初対面でほとんどこちらの顔を見ることもしない人のことを、冷たい人だと思ったことはありませんか？

　こうした判断は無意識のうちにすばやく行われるため、それを変えるのはかんたんではありません。そのため大企業では応募者の選考にAIを活用することがあります。アルゴリズムが特定の能力やキーワードで履歴書をチェックして、選んでいくのです。こうすると、すべての履歴書を読む必要がなくなります。アルゴリズムは、人間的な感情をまったく介さずに合否を決めます。人間は、親切に感じたり、自分に似たりしている人のほうを、より優秀だと感じてしまいますが、AIは定められた基準に従って厳密に選びます。

AIは公平で感情がなく、特定の人をひいきすることもありません。それでも公平さをうしない、差別をすることもあります。なぜかといえば、AIそのものは差別しませんが、人間の作るデータによって、そのように学習してしまう可能性があるからです。そうした現象は意図していなくても、たびたび起こります。問題のひとつは**AIが基準として使用するデータにかたよりがある**ということです。たとえば会社で過去に女性が男性よりも不利な立場にあった場合、アルゴリズムも女性を低く評価します。男性の応募者のほうが、明らかに高い地位につく可能性が高いと判断するからです。

つまり、過去の採用や昇進のデータには人間の判断による不公平な見方が含まれていて、このデータから学習したAIもまた、それをくりかえすのです。

もうひとつの問題は、**データが完全ではない**ということです。たとえば、顔認識AIが白人の写真ばかりで学習したら、肌の色の違う人間を認識する力が低くなるでしょう。

ビッグデータから、AIはさまざまな状況と状況のあいだに無数の関係性を認識しますが、このとき**論理的な間違いが起こる**ことがあります。ひとつの事柄を別の事柄の原因とみなしてしまうのです。

たとえば大勢が日焼けをする時期は、やはり大勢がアイスを買うでしょう。これを相関関係といいます。この関係性はぐうぜんかもしれませんし、両方に別の原因（日差しが強くて暑い）があるかもしれません。

AIは差別と闘うために役立てられます。たとえばインターネット上のヘイトスピーチを防ぐために活用できます。ヘイトスピーチとは相手を侮辱したり脅したりする言動のことで、法律に違反するものもあります。そうしたコメントはインターネット上にあふれていて、ある調査によると、16歳から64歳までの10人に1人がこうしたいやがらせの被害にあっています。メディア企業は、毎日、何千ものヘイトスピーチのコメントをフィルターで抽出して、削除したり法的手段をとったりしていますが、対応しきれていません。

ここでAIが役立つ可能性があります。ネガティブなものからポジティブなものまで、コメントに含まれる何十種類もの感情的な言葉を自動的に検出するアルゴリズムがすでにあります。デジタル空間では言葉が急速に変化するので、新しい用語をAIが自ら「ブラックリスト」に追加していく必要があります。コメント内にブラックリストの言葉を見つけたら、アルゴリズムが直接削除するか、管理者に伝えます。ひとつひとつの言葉のほか、AIは文脈にも注意しなくてはいけません。同じ言葉でも、状況によって違う意味になることがあるからです。

インターネット上でも、いいたいことを何でもいっていいわけではありません。うそやだれかを傷つける言葉は、法的な問題を引き起こすこともあります。現実の生活と同じように、言論の自由には限度があり、安易に他人を傷つけてはいけないのです。ウェブサイトやソーシャルメディアは、コミュニケーションについての独自のルールを定めることもできます。

AIは電力の大量消費者？　それとも環境保護者？

現在、世界のエネルギー消費の約10%を占めているのはインターネットです。AIが使われる分野が増えるほど、電力消費に占めるAIの割合も増えます。それは、AIのあるところには必ずコンピュータ、データセンター、データ伝送ネットワークがあるからです。ここでまさに大量の電力が使われ、発電も必要になり、そこから大量の二酸化炭素が排出されます。そのため、再生可能なエネルギー源からより多くの電力を得ることが重要なのです。

アメリカのマサチューセッツ工科大学の研究者たちは、ひとつのAIのプログラムを動かせるようになるまでに、最大283トンの二酸化炭素が排出される可能性があると計算しました。これは5台の車が、製造工程から廃車になるまでに排出される量とほとんど同じです。この数値は、自然言語処理（NLP）（P.56参照）の分野でもっとも先進的な4つのAIを例として調査し、算出したものです。研究者たちはそれぞれを一日学習させ、電力消費量を測定し、その結果にAIが学習してきた時間全体をかけて計算したのです。

オーケー、Google、インターネットで検索するとき、じっさい、どれだけの二酸化炭素を排出するんだい？

およそ0.2グラム。お茶を飲むためにお湯を沸かすときに発生するのと同じくらいの量です。

AIの**エネルギー問題**は集中的に研究されています。

いわゆる量子コンピュータは、従来のコンピュータに比べて、特定の課題をはるかに少ない計算能力で解決でき、必要なエネルギーも少なくてすむと見込まれています。ただし、技術開発はまだこれからです。

プロセッサ（コンピュータの心臓部であるCPUやグラフィックスの処理をするGPU）は、作動中に熱を発してエネルギーを消費します。光プロセッサ＊は熱の発生を大幅におさえられます。

電力の大部分はプロセッサの冷却に使われます。ほとんどの場合、熱は外部に放出されますが、ほかの部屋の暖房に使用されることもあります。

AIを使うと、データセンターをより適切に効率よく冷やせます。

データセンターは環境に配慮した電力で動かす方がいいのです。

＊光を利用して信号処理を行う次世代のコンピューティング技術。

気候変動は、現代社会のもっとも重要な課題のひとつです。この100年で地上の平均気温は約1度あたたかくなりました。一見、大したことはなさそうですが、豪雨や熱波、長引く干ばつといった深刻な異常気象をもたらしています。その結果、森林火災や洪水などの環境災害もますます増え、多くの動植物が絶滅の危機にさらされています。AIの技術は、こうした問題に対処するのに役立ちます。

 AIでゴミをよりよく分別できるようになります。ゴミは分別しなければ、リサイクルできません。しっかり分別することで、リサイクルできるものが増えます。

＊鉄筋コンクリートなど、異なる2種類の素材を組み合わせることで、単一材料では発揮できない特性（強度や剛性など）を持つ材料のこと。

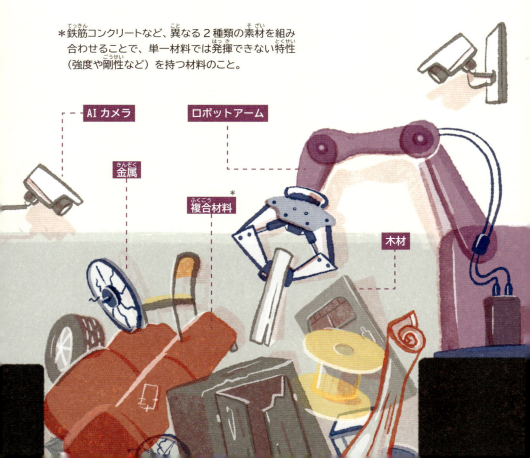

AIは、異常気象に耐えられるように森林地域に**どんな木を植えたらいいか算出**できます。現在生えている木の種類、土壌や害虫の状況、気候などのデータを組み合わせて、その条件で丈夫に生育できる木を分析し、特定のエリアにどんな木を植え替えるべきか推測します。

AIは**農業をより環境にやさしいものにする**ためにも役立ちます。たとえば雑草をとりのぞくAI制御の機械が開発されています。食糧生産に悪影響を与えない植物を残すことで、化学農薬を減らし、生物の多様性を守るのです。

カメラで粗大ゴミの素材を確認します。AIは、リサイクルできるかできないかを判別し、クレーンを操作して、木材や金属などの再利用できるものを取り出します。

車同士が連携できたらどうなる？

二酸化炭素の約 20% は道路交通によって排出されていて、道路交通は温室効果ガスを生み出す、3 番目に大きな原因となっています。例えばドイツでは、政府が 2030 年までに二酸化炭素の排出量を約 6500 万トン削減することを目標としています。電気自動車の普及や、鉄道やバス、地下鉄などの公共交通機関への予算を増やして目標を達成しようとしています。一方、AI も環境保護に役立ちます。

町では AI によって信号機やカメラがネットワークでつながり、交通量のデータが集められています。これによって交通の流れをより適切に予測し、信号機の切り替えや適切なう回路を提示して、渋滞を減らせます。渋滞していると車のエンジンはガソリンを大量に使い、排出される二酸化炭素が増えるので、避けたほうが環境に良いのです。

AI による交通の制御にはほかにもいい点があります。命を救うこともできるのです。AI を使うと、救急車の走る時間を短縮できます。また、AI が交通データを分析して危険な場所をすばやく見つけ、問題を解消することにより、事故を防止できます。

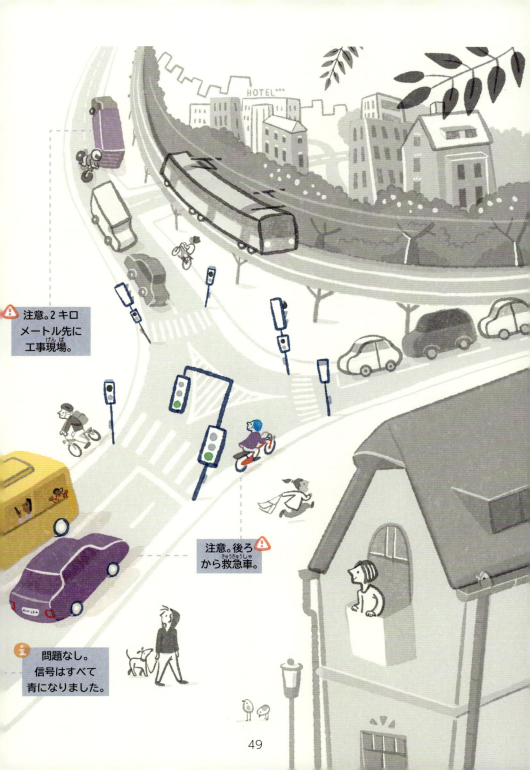

すでに**最新モデルの車には車線逸脱警報システムなどの AI が搭載**されていて、運転手が数秒間ハンドルから手をはなしても問題ありません。ただし、最終的に責任を持つのはやはり人間です。

AI の研究は、車が人間の代わりに運転する、つまり自動走行する車両の分野で急速に進められています。**自動運転**では、車に搭載された AI カメラが道路や物体、標識など交通のさまざまなものを認識し、適切に反応するように車に指示を出します。たとえば「止まれ」の標識があると、車は止まります。また町の外に出ると、スピードを上げて走行します。

自動運転の AI の大きな利点は、運転手がラジオから流れる曲にあわせて大声で歌っていても、携帯電話が鳴っても、AI は気を散らしたりしないということです。何時間運転しても疲れません。その間、運転手は仕事をしたり、眠ったり、テレビを見たりすることができます。

自動運転は環境にとっても、いいものです。常に適切なスピードで走り、むだな減速や加速をしないので、燃料の消費が少なくてすみます。

ただし、この技術は、まだ完全にはほど遠いものです。AIの予測不可能な出来事が起こった場合、事故につながりかねません。そのことに多くの人が不安を感じています。ある調査では、半数以上の人が、自動運転の車は大事故を引き起こすかもしれないと考えていることがわかりました。

★すみません、不時着しました。

どちらを選ぶ？

道路に、とつぜんふたりの人が現れたときのことを想像してみてください。自動運転で走る車のブレーキはまにあわず、左か右に曲がってよけるしかありません。でも、そうすると、どちらかの人にぶつかってしまいます。いったいどちらにハンドルを切ればいいでしょうか？

世界のある地域では、子どもはこれから長く生きるのでとくに守るべき存在として考えるという文化があります。一方、老人の方が経験豊かなので大切にされるという文化の地域もあります。それは調査により明らかになっています。

しかし、問題はもっと根本的なところにあります。どちらに決定しようと、一方の命を他方の命よりも重んじていることになるからです。けれども人間は本来、だれもが平等なのです！

AIはどんな道徳をもつべきでしょうか？ 道徳の問題は車の自動運転だけではなく、医学の分野でも問われていることです。AIは医学的に意味があることをひとつ残らず行うようにプログラムされるべきでしょうか？ それともどんな治療を望んでいるか、患者の意見もとりいれるようにするべきでしょうか？

わぁ、トラックが渋滞しています。きっとみなさんは高速道路でこんな光景を見たことがあるでしょう。

ところが、そのうちの3台に1台は何も積んでいないのです！　さらに、ほんのわずかしか荷物を積んでいないトラックもあって、効率のよい状態とはいえません。大きなトラックがたくさん動けば大量の燃料が使われ、渋滞も起こります。どちらも環境に負荷がかかります。今後はAIを使って、**輸送管理の方法**を改善すれば、より多くのお金、労働力、時間、燃料を節約できるかもしれません。

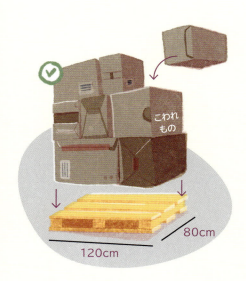

AIは積み込み作業も管理しています。荷物を効率よく積み上げる組み合わせを計算し、できるだけ余分なすきまができないようにパレット*の上に積み重ねます。

*荷物をまとめて移動させるときに使う荷台。

すべての荷扱い場のネットワークを活用して荷物をまとめて輸送したり、トラックいっぱいに積んだ直行便を手配したりすることができます。

ロボットが商品の配達準備を補助します。

輸送ルートは天候や交通の状況も計算して、リアルタイムで計画されます。

AIは人間の言葉がわかるの？

いちばん近いピザ屋はどこ？　今日は嵐になる？　ニューヨークはいま何時？　声に出して質問すると、スマートフォンや家の中にある**AI搭載の音声アシスタント**が答えてくれます。こうした音声アシスタントを使う人はどんどん増えています。当然ですよね。文字入力して情報を検索する必要がないのですから。

> 視覚障害者にとっても、このサービスはとても役に立つの。

音声アシスタントと人間がスムーズにコミュニケーションできるように、音声アシスタントには**自然言語処理（NLP）**の技術が使われています。自然言語とは、人間が日常で使う言葉のことです。プログラムがこの言語を正確に分析するには、ひとつひとつの単語を認識するだけではなく、全体の文脈も理解しなくてはいけないのです。

> マヨルカ島、あついかな？どのくらい？

質問文

マヨルカ島、あついかな？
どのくらい？

暑い
熱い
アツい

そうか。

人間が使う言葉は意味があいまいで、不規則なことが多く、分析はとても難しいものです。NLPの課題は文章を部分ごとに分けて、理解することです。機械学習では、アルゴリズムを使用して大量のデータからパターンを確実に導き出せます。

たとえば、方言や小さな子どもの言葉を理解することは、学習データが少ないため、さらに難しくなります。

いまマヨルカ島がアツい！
人気ホテルの評価は……。

音声アシスタントのAIはどんな仕組みで動くのでしょうか？ そこにはひとつずつ、ステップがあります。

明日の天気は？

ブーン
ブルルルーン

ポロン
ポロン

≫ヘイ、シリ……≪

ガガガガ
ガガガガ

❶ 聞く

そもそも音声アシスタントが「聞く」ためには、音をひろうマイクが必要です。けれどもマイクで言葉を聞きとるだけでは何も始まりません。まずデジタル信号に変換しなくてはいけないのです。このときノイズは取りのぞかれ、人の声をよりはっきり理解できるようにします。

❷ 理解する

音声アシスタントがこのデジタル信号を、データを保存しているサーバー*に送ると、データは自動的に分析されて処理されます。音のつながりは自然言語処理（NLP）によって細かい要素に分けられ、その特徴によって調べられます。プログラムにはすでに大量のデータがたくわえられていて、言葉のつながりのルールを認識しています。そこで、特定の文章である確率が計算されて、その情報が音声アシスタントに送られるのです。

＊データを受け取って処理をし、その結果を返す役割を持ったコンピュータ。

言語：
日本語

単語数：
5

文章のタイプ：
質問

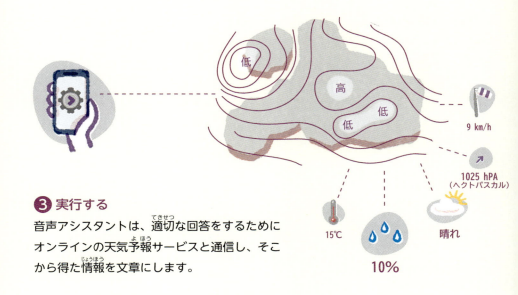

❸ 実行する

音声アシスタントは、適切な回答をするためにオンラインの天気予報サービスと通信し、そこから得た情報を文章にします。

❹ 話す

まだ回答はテキストデータ＊のままです。音声アシスタントはこれを音声に変換しなくてはいけません。ここでもアルゴリズムが使われて、デジタル信号がスピーカーに転送され、音声として出力されます。

＊コンピュータで扱う文字データ。

明日は晴れて最高気温は15℃になります。

このステップのすべてが一瞬で実行されるのです。

テキストで人間と会話するコンピュータのプログラムを「チャットボット」といいます。チャットボットを使うと、時間とお金を節約できます。人間とちがってチャットボットは24時間休みなく働けて、いつでも使えるからです。使い方はとてもかんたん。テキストのほか、ビデオや写真などのメディアも共有できます。

とくにこのコミュニケーション方式は、スケジュールの調整やホテルの予約、製品のサポートなど、一部の問題や特定の分野で、とてもうまく機能します。けれども、難しく複雑な問題にはまだ対応できません。

チャットボットとの会話には3つのステップがあります。

❶チャットボットにメッセージ（指示や質問）を伝えます。ウェブサイトからテキストを入力して伝えてもいいし、電話の音声で伝えることもできます。

❷チャットボットがメッセージを受け取り、重要な情報をすべて記録します。AIによる自然言語処理（NLP）を使い、メッセージの目的を割り出します。

❸メッセージからキーワードを抽出して、チャットボットは適切な回答を決定します。データベース内からキーワードに関係のある語句を探し出し、選択した語句を回答として使います。

この3つのステップが、問題の解決策や質問の答えが見つかるまでくりかえされます。たいていのチャットボットは優秀で、使用者の感情を動かすものもあります。多くの人がチャットボットとの会話を終えるとき、実際はAIのプログラムと話していたとわかっていても、「ありがとう」と感謝したり、「またね」とあいさつをします。

チャットの向こう側にいるのは人間？ それともロボット？ それがなかなかわからないときもあります。けれどもいずれコンピュータは「正体」をあらわすでしょう。

たとえばチャットボットは相手が怒っていてもそれに気づくのは遅いですし、皮肉はまったく通じません。

チューリング 1912～1954

ということはつまり、AIは人間の思考をそっくりまねられる状態ではない、ということでしょうか？ この問いに、研究者たちは何十年も前から取り組んできました。AI開発の先駆者のアラン・チューリングは、1950年にこの疑問を解明するための**チューリングテスト**を開発しました。

> チューリングテストのひとつである「CAPTCHA（キャプチャ）」はコンピュータと人間を区別するために自動的に行うテストです。悪用を防ぐため多くのウェブサイトで使われています。

このテストでは、キーボードと画面を使った1対1の対話に、ひとりの人に参加してもらいます。「A」は人間で、もう一方の「B」はロボットが相手です。テストを受けている人が5分間、集中的に相手に質問して、どちらがAIロボットかわからなければ、ロボットはチューリングテストに合格したことになります。それは研究者にとっては、思考においてコンピュータと人間が同等だと証明されたことになるでしょう。

けれどもこのテストの問題点は、どうしてAIがテストに合格できたかわからないところです。AIが本当にそれほど優秀なのか、テストを受けた人がAIを認識できるほど賢くなかったのか、わからないのです。

だいじょうぶ？
怒ってるみたい
だけど。

怒ってないよ。
集中してるの。

怒ってるときの顔と集中してるときの顔は、わたしの場合、同じみたい。

ロボットは友だちになれる？

AIには本物の感情はなく、喜んだり、いらだったりはできません。けれどももし、人間の顔の画像や映像をたくさん学習したら、人間の多くの感情を認識できるようになります。

かんたんにいうと、基本的な顔の表情は世界のどんな文化でも変わりません。とくに表情にはっきりと結びついた感情の場合、AIはたやすく理解します。怒り、ショック、不安、悲しみは、表情から読み取りやすい感情で、AIは反応できます……泣いている人がいたら、同情していると伝えられるのです。しかしそれは本物の感情ではなく、学んだ結果による行動です。

AIにとって、より理解が難しいのは、ほほえみの表情です。その人がきげんがいい可能性は高いのですが、恥ずかしさや自信のなさなど、ほかの感情をかくしていて、ほほえみはただの見せかけという場合もあります。

一方で、いまAIは、声のひびきや体の姿勢、それどころか歩き方からも感情を判断できるようになっています。

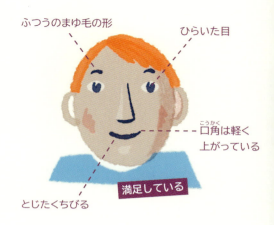

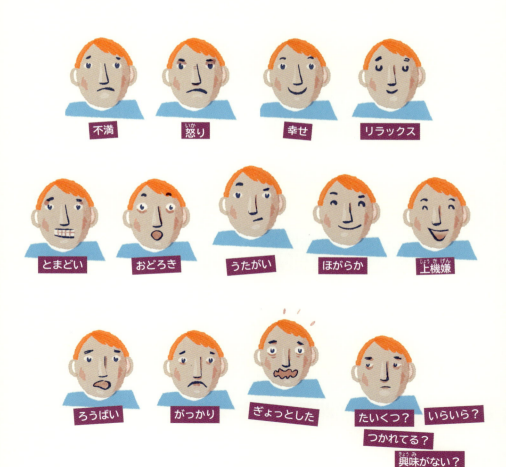

体を持ったAIをロボットといいます。AIはいわば機械の頭脳です。そして人間のような見た目で、直立歩行して、会話ができるロボットが人型ロボット（ヒューマノイド）。人間に似せたロボットを指す専門用語です。

よく見ないと、血と肉でできた生物ではないとはわからないのが、アンドロイドです。肌がシリコーン製で、顔の表情も繊細。たくさんの小型モーターで動き、人間のように顔をしかめたり、ほほえんだりできます。

生活に役立つ人型ロボットのひとつがPepper（ペッパー）です。2020年から高齢者の介護施設でも使われています。会話ができて、天気予報を知らせてくれたり、新聞を読んだり、ジョークをいったり、ボードゲームをしたりできます。飲み物をはこんで、体操をするようにすすめ、リハビリを助ける機能も備えています。こうして介護スタッフの負担を減らし、高齢者の毎日の生活を助けています。

AIを使ってもっと健康になれる？

AIは病気の診断や治療をサポートします。いったいどんな方法でしょうか。まず医療現場では、血液、血圧、酸素飽和度、レントゲンやMRI、超音波画像など、数多くのデータが集められていて、あらゆる病状の情報もたくわえています。AIはすべてを検索してパターンを探し、人の健康データと可能性のある診断を結びつけます。こうして病気を早期に発見できるのです。

すごい！このスマートウォッチで見ると、ぼく、すごくよく眠れてたんだ！レム睡眠が3回、いびきはなし、脈拍も一定で、ずっと45から52の間だったんだよ！

そうなの、よかったね。

家の中でもAIがますます活躍しています。**健康アプリやウェアラブル端末**（身に着けるコンピュータ機器）で、歩数や脈拍を計測したり、健康データを保存したり、より健康になるためのアドバイスが提案されたりしています。

複雑な手術をするときには、ロボットが医師をサポートします。手術の担当者は手の動きで、AIロボットの腕や器具をリアルタイムに操作するのです。長所は切った部分の鮮明な画像を撮れるところで、同時に、画像を10倍まで拡大する拡大鏡のような働きもできます。こうして手術をより正確に行えて、切る部分も小さくて済むので、手術後の回復も早くなります。周囲の組織や神経を傷つけることもありません。さらに人間の弱点をおぎなえます。たとえば疲れることなくカメラを固定して、自然に発生してしまう外科医の手の震えも調整できます。

ここはあなたにぴったりの場所ね！あとで、お話をしてくれる？

ロボットはますます人間らしくなるの？

本物のロボットとの暮らしは、けっこう快適そうですよね？ いっしょに遊んだり、掃除をしてもらったりできます。いまもすでにそうした賢い小さな人型ロボットがいて、遊び相手をしたり、名前で呼びかけたり、ちょっとした会話までできます。

ひょっとすると、そういうものになじめない人もいるかもしれません。機械なのに生きているように見えるのはふしぎですよね。それでも機械が人間によってトレーニングされていると知ったら、少し気持ちも変わるかもしれません。人間が機械にデータをどんどん入力していくと、アルゴリズムは事前に定められます。こうしたできあがった機械を自分が好きなように使えばいいのです。

自分でプログラミングするおもちゃロボットもあって、ダンスを教えることもできます。

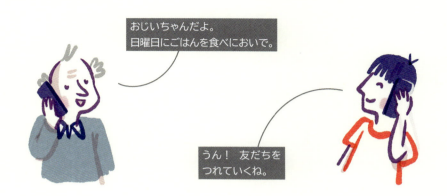

ロボットがとくに人間の望みをしっかり実行できるようにプログラムされていると、ロボットに対して人間と同じような感情をいだく人もいます。人型ロボットの友だちや恋人をつれてレストランにいったり、親に紹介したりすることもあります。

ロボットがこれほど優秀で本当の人間のようにつきあえるとしたら、人間とロボットの違いは何でしょうか？

● 歩行：ほとんどの子どもは、歩くことを自然に覚えます。しかしその動きは考えているよりもずっと複雑なのです！　直立歩行はいまでも、人型ロボットを作るときの大きな課題です。

● 翻訳：AI翻訳はどんどん改良されています。ただし、言葉の細かいニュアンスや、詩の韻をふまえた語句などについては、AIが出した結果をそのまま信じることはできません。

● 芸術と音楽：AIは既存の作品のビッグデータ（P.27参照）を使って作曲したり、絵を描いたり、本を書いたりできます。あえてルールをやぶったり、お手本なしで新しいものを作ったりすることは、いまのところ人間にしかできません。

● EI（感情知能）：他者の感情を理解できるだけではなく、本当に感じることができる能力は生物だけができることです。

● 全体的思考：AIは特定の分野については常に優秀です。けれども、人間の思考はもっと大きく、自ら目標をたてたり、柔軟に計画を変えたりすることができます。

うまく使うとAIはとても便利なものです。多くの点で、AIのほうが人間より優秀だからです。

●**AIは速い**：人間だったら時間を何秒もかけて下す決定が、一瞬でできます。

●**AIは正確**：データをきわめて正確に分析できます。たとえば天気予報や病気について、より正確に判断します。

●**AIは柔軟**：特定のニーズにぴったりあわせて、AIをプログラムできます。環境保護でも医療でも教育でも……さまざまな分野で利用できます。

●**AIは新しい働き方を可能にする**：AIは危険な仕事を引き受け、ルールに基づく作業を休まずにやりとげます。そのため一部の職業では、人間同士でコミュニケーションをとる時間が増やせます。そこでこれまでなかったような仕事が生まれています。

●**AIは気候変動を防ぐのに役立つ**：AIは物流を調整できるので、交通輸送で起こる渋滞や待ち時間を減らせます。現在、さまざまな分野で研究が進められています。

●**AIは勉強を楽しくする**：AIは学習者にあわせてレベルを調節できるので、問題がかんたんすぎたり、いやになるほど難しすぎたりすることがなくなります。さらに評価やアドバイスを伝えたり、進み具合を測定することもできます。

AI にはどうして独自のルールが必要なの？

AI をうたがいの目で見ている人は少なくありません。AI をどう考えていいかわからなかったり、あるいはロボットによって自分の仕事がうばわれてしまうと不安を感じたりするのかもしれません。そうしたばくぜんとした不安は、情報を集めることで解消するでしょう。それでももちろん、AI には短所や危険もあります。

● 基礎になるデータが完全で正しくないと、AI も正しい判断ができません。データが大量にある場合、**エラーが起こる可能性も高くなります**。車の運転などの場合は、危険な結果を招く可能性があります。

● 一部の分野では AI のほうが人間よりも速く、確実に、あるいは安価に作業できます。つまり配達や清掃、スポーツの報道のような**多くの仕事が不要になるでしょう**。もちろん、AI によって新しい多くの職業も生まれます……ただし、それはまったく新しい仕事なので、人間はまず学ばなくてはならないでしょう。

● AI は人間を身体的な特徴によって見分けます。**顔認識**プログラムなどの生体認識アプリは、人々を監視するために悪用される可能性もあります。たとえばすでに顔認識検索エンジンがあって、インターネットにアクセスできる人ならだれでもわずかな金額で利用できます。このエンジンでは、インターネット上でその人物に関する情報をすべて収集することで、たとえばデモなどの写真に映る人物を特定できます。

● **戦争**が起きたときに、兵士が現地に行かなくてもドローン＊やロボットを使って人の命をうばうことが可能になります。このとき誤った判断が下され、民間人が攻撃対象にされてしまう問題もあります。

＊遠隔操作できる無人飛行ロボット。

● AIは急速に発展していて、大企業は開発を推進することでその後押しをしています。AIによって、いまもすでに大きな利益が出ているので、当然のことでしょう。AIからもたらされる利益は数年で倍になると専門家は想定しています。企業が利益のためだけにこの技術を悪用しないようにし、AIの安全性を保つには、国の機関による管理が必要です。けれども、技術が進歩するスピードに比べて、ルールや法律の整備はなかなか進んでいません。

EU（欧州連合）は、将来的には個人や企業がAIの長所を活用できるようにしようとしています。AIの開発は、**市民の安全と基本的な権利を守るルールに基づいて行われるべきです。**

そのため欧州委員会（EUの政府にあたる組織）は、2021年に法的なわく組みを提案しました＊。AIを使用する人たちが安心して利用できるように、AI開発者や事業者が守るべきことがまとめられました。

このAI規制法案＊では危険度を示す4つのリスクのレベルが定められました。

最小リスク：
EUで現在取り入れられているAIシステムの大部分にはほとんどリスクはありません。そのため自由に使われています。たとえば、ゲームの世界をリアルに再現して、レベルを人間のプレイヤーの能力にあわせるためにAIが使われているゲームもあります。

＊技術のめざましい進展にルールが追いつかないなか、日本では、生成AIの規制と技術革新の両立を目指し、AI推進法案についての話し合いが進められています。

限定リスク：
限定リスクのAIシステムは、通常、大きな危険をもたらさないと考えられていますが、AIが使用されていると明示することが必要です。たとえばチャットボットを使用するときには、話し相手が機械であることを利用者に知らせておかなくてはいけません。

ハイリスク：
リスクの高いAIシステムは市場に出回る前に厳密に管理しなくてはいけません。たとえば市民の生命や健康に被害をおよぼすおそれのある輸送分野でのAIの開発などです。

許容できないリスク：
人間の安全、財産、権利を明らかにおびやかすAIシステムは禁じられています。たとえば、攻撃するために操作して周囲の音を盗聴したり、子どもと連絡をとれたりするようなAIを搭載したおもちゃなどです。

AIはいつ生まれたの？

AIはまったく新しい技術といえるでしょう。AIの利用はまだ始まったばかりですが、研究はずっと昔からなされています。

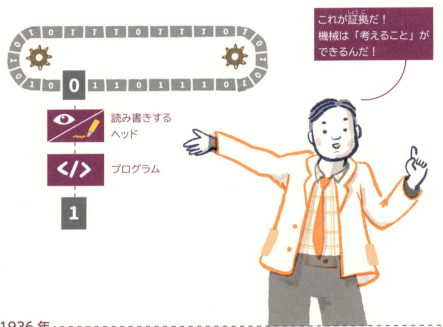

1936年

イギリスの数学者・コンピュータ科学者のアラン・チューリングは、計算を行うプロセスをいくつものステップに分解して、アルゴリズムで表すことができれば、理論上、計算機は「考えること」ができると証明し、この数学的なモデルをチューリングマシンと名づけました。

1956年

アメリカのダートマス大学で行われた国際会議で、コンピュータ科学者のジョン・マッカーシーが初めて「AI（人工知能）」という用語を使いました。彼は、人間の知能は機械によってまねできると確信する研究者のひとりでした。世界初のAIプログラム「ロジックセオリスト」もこの会議で書かれ、多くの数学の定理を証明することに成功しました。

> イライザ、わたしはハツカネズミがこわいんだ。

> ハツカネズミが、いつからこわいのですか？

> ずっとだよ！

> ハツカネズミがこわいというのは、普通だと思いますか？

> …

1966年

コンピュータ科学者のジョセフ・ワイゼンバウムは、人間とコミュニケーションできるコンピュータプログラムを発明しました。史上初のチャットボット「イライザ」は、文章のリスト、辞書、応答のルールを使って、心理療法士のように応答できます。

> 想像してみてください、人工知能です！

> 大げさだな！

1986 年
コンピュータが初めて音声を出せるようになりました。テレンス・J・セイノフスキーとチャールズ・ローゼンバーグは例文と短い語句を入力して、プログラム「NETtalk」に会話を教えました。コンピュータはそれに従って、単語を読み、正確に発音しました。学習したことをまだ知らない単語に応用することもできたのです。

1996 年
AI チェス専用のスーパーコンピュータ「ディープ・ブルー」が当時のチェス世界チャンピオンのガルリ・カスパロフに勝ちました。それまで人間のほうがすぐれていた分野における機械の初めての勝利でした。これは考えられるすべての手を計算した結果の勝利であり、コンピュータのほうが「賢くなった」からというわけではありませんでした。

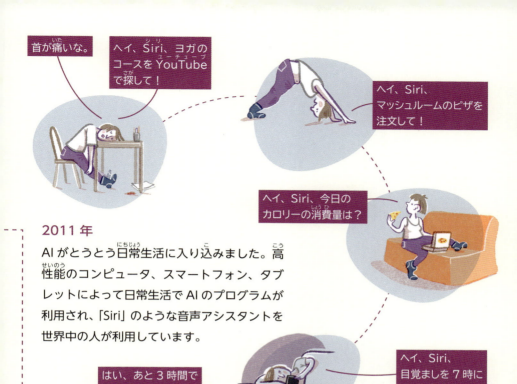

2011年

AIがとうとう日常生活に入り込みました。高性能のコンピュータ、スマートフォン、タブレットによって日常生活でAIのプログラムが利用され、「Siri」のような音声アシスタントを世界中の人が利用しています。

現在

最大の課題は、いかにAIの信頼性を高め、外部から勝手に書きかえられないように保護するかということです。対策をしないと、医療や自動運転などの慎重に対応するべき分野ではAIを安全に使うことはできません。

水難救助でも、カメラと超音波による画像情報をAIで分析できるドローンの研究がされています。こうして、おぼれている人を発見し、救援物資を投下して救助するのです。

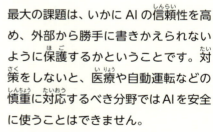

新しい仕事が生まれて長い休暇がとれるようになるの？

すでに AI は労働の世界ではとても重要になっていて……これからもますますそうなるでしょう。**AI を扱う仕事はまさに未来の仕事です！** けれども、そのためにはどんな知識や教育が必要でしょうか？ 職人になりたい人は修行をします。医者や弁護士のような仕事をするには、高校の卒業後に大学などで専門の勉強をします。こうした職業につくための方法ははっきりしています。

けれども、「AI のプロ」という仕事は、正確にはまだありません。一部の大学ではすでにさまざまな AI の研究が進んでいますが、いまのところ AI の仕事をしたい人のほとんどは情報科学を専攻し、プログラミングを学びます。仕事につけば、さらに多くのスキルが身につきます。IT 部門でのトレーニングもよいスタートになるでしょう。

まったくコンピュータに関係がないようなほかの職業も、AI の発展にかかわっています。たとえば、言語学者は AI が話し言葉を正確に理解してまねるのをサポートします。

エーアイって、何だろう？ おかしの名前？

AIは決して疲れず、病気にもならず、休みもいらず、「給料を上げて」ともいいません。
それではAIの利用が広がるにつれ、人間の労働力は不要になるのでしょうか？

それは職業によって違います。たとえば、ドイツのウェブサイト「職業の未来」によれば、会計士の仕事は現在でも88％を自動化できます。つまり、仕事のどの工程でもコンピュータを使って自動化できるので、人間が直接仕事をしなくても問題ないのです。一方、記者の場合は20％、心臓外科医の場合はいまは基本的な仕事の12％をロボットにまかせられるだけです。

将来、ますます多くの仕事をAIが担うようになるとしても、基本的に悪いことではありません。重労働だったり、たいくつだったり、危険だったりする仕事を、ロボットが代わりに行えるということには、大きな利点があるでしょう。

Job Futuromat（職業の未来）

🔍 （希望する）職業、専門分野、活動内容

職種から探す

大人になったらどんな仕事をしたいですか？

はっきりさせておかなくていけないことがあります。人間の強みはAIの弱みであり、その反対もいえるということです。このふたつを組み合わせると、真のスーパーパワーが発揮できるでしょう。一部の仕事はなくなるかもしれませんが、AIによって現在はまったく存在していないような新しい職業、さらに職場が生まれるのです。

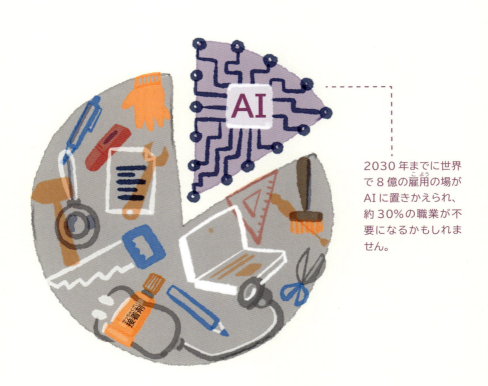

2030年までに世界で8億の雇用の場がAIに置きかえられ、約30％の職業が不要になるかもしれません。

AIがあれば働かなくてもよくなるの？

ロボットがわたしたちのために働き、掃除して、運転して、買い物をして、料理をしてくれたら、いつか、わたしたちは何もしなくてもよくなるのでしょうか？ 一日じゅう、したいことだけしている世界というのは、とてもすてきな感じです。週末や長い休暇のときだけではなく、いつでも家族みんなで公園にいけるかもしれません。

お出かけして、バトミントンする？

ううん、だめ。いま、晩ごはんのスープを作ってるから

そうなの。それはAIにやってもらえば？ AIは、スポーツをした後に必要なカロリーを、ちゃんとわかっているから。

だけど、料理が好きなんだ。

　AIが特定の仕事をするようになったら、その仕事についての知識や能力をもつ人はどんどん少なくなるでしょう。そうなると問題が起こるかもしれません。たとえば、AIの決定が正しいかどうか、考えられる人はいるでしょうか？　また、もしAIが故障したら、だれが代わりに決定したり、その仕事を進めたりできるのでしょうか？

　そして一日じゅう何もしなくていいということが、本当に幸せなのかどうか、よく考えてみましょう。料理をしたり、修理をしたり、絵を描いたりするのは、楽しくて、満足感を得られることでもありますよね？　自分が役に立っていると感じられる仕事は必要ではありませんか？

もちろん、20年後、50年後、100年後にAIがどのように普及しているか、いまはまだ正確にはわかりません。けれども、とても多くの分野で使われていることは確かでしょう。

それは、AIは「未来を予測する」ことができ、わたしたちの生活をより快適に、いいものにしてくれるからです。AIは車の動きを予測したり、事故の確率を減らしたりできます。また、何百万もの画像をチェックしてがんの徴候を探し、早期発見を可能にすることで、治療のチャンスを増やすこともできます。

将来的には従来の職業はAIにまかされ、わたしたちはまた本来の「大切な仕事」に戻れるのかもしれません。医者は患者をつぎつぎにみるのではなく、じっくり治す時間を持てるようになります。介護士は部屋から部屋へとかけまわるのではなく、高齢者に話しかけたり、ゆっくり向きあったりできるでしょう。記者は洪水のような情報をただ流すだけではなく、再び深く追求できるようになるかもしれません。同時に、人間の創造性が求められるような新しい分野の仕事が増えていくでしょう。

AIは人間に多くの利益をもたらすことができますが、そのためにはわたしたちが賢く、責任をもって使わなくてはいけません。

人とAIが共存するためには、ルールと、この技術の未来をいっしょに作っていこうという人間が必要なのです。

人間と AI の違いはなんだろう。
わたしたちが主役になって AI と共存するには？

　AI の時代が到来しました。でも、本当の主役は人間です。人間が AI を駆使して、第 4 次産業革命＊を推進しているのです。

　みなさんの周りを見回してみると、いたるところに AI が隠れています。

　たとえば、宅配便で荷物を受け取るとき。「え？　AI ロボットじゃなくて、人間の配達員が来ているけれど？」たしかに目に見える部分は人間かもしれませんが、大規模な集配センターでは、AI がベルトコンベアーをコントロールして、無数の荷物を目的地別に仕分けしています。

　あるいは、あまり文章が得意でない人が、AI に文章を修正してもらう。コンピュータ・プログラムを書き終わった人が、AI にバグ（＝プログラムの誤り）を探してもらう。たとえば海外では、スーパーマーケットが AI レジになっていて、買い物が終わったら何もせずに店の外に出ればいい。そのスーパーの駐車場では、AI が車を駐車スペースに停めてくれる……実はいたるところ AI だらけなのです。

　とどまることを知らない AI 化。そんな時代の子どもたちは、将来どうやって AI とは別な形で仕事をして生きていけばいいのでしょうか？

　まず第一に、AI について知ること。この本を読めば、AI について深く広く知ることができるでしょう。日々のニュースにも関心を持ってみてください。

　次に、過去のデータを機械的に学習する AI と違って、（データがなくても）ゼロから何かを作ることのできる人間になること。AI は心を持たない。人間は心を持っている。それは大きな違いです。自分で考えて、芸術家はゼロから作品を作るし、起業家はゼロから会社を作る。人間が主役になり、AI を使いこなすには、子どもの頃から互いの役割分担に慣れていかなければなりません。

　みなさんが、人類と AI が共存する、明るい未来を作ってくれますように！

監修　竹内　薫（サイエンス作家）

＊技術革新によって産業や経済、社会のしくみが大きく変わること。18 世紀後半に始まった第 1 次産業革命では、工場の機械化による大量生産で資本主義が発展した。